Ganso

Serie "Datos divertidos sobre las aves para niños "

Escrito por Michelle Hawkins

Ganso

Serie "Datos divertidos sobre las aves para los niños"

Por: Michelle Hawkins

Versión 1.1 n.o enero de 2021

Publicado por Michelle Hawkins en KDP

Uno es un ganso; dos o más es Geese.

Los gansos son blancos o de color gris parduzco.

Los gansos tienen alas largas.

Los nidos de ganso se construyen cerca del agua.

Los gansos están activos durante el día y duermen por la noche.

Una ganso hembra siempre regresará a casa para tener a sus bebés.

Duck y Geese vivirán en armonía el uno con el otro.

Un grupo de gansos en los vuelos se llama.'

Un grupo de gansos en el suelo se llama un 'gaggle.'

Un grupo de gansos en cualquier lugar se llama un 'flock.'

Un grupo de gansos que vuelan juntos se llama un 'plump.'

A los gansos les encantan los campos de golf porque pueden comer su hierba fertilizada.

Soldados en Europa marchan en una formación de pasos de Ganso.

Pato, Pato, Ganso es un juego
favorito en preescolar.

Un nido de ganso promedio
tiene cinco huevos en él.

Los gansos son geniales en ser carroñeros para una granja.

Los gansos son considerados un buen perro guardián.

Los gansos tienen un billete de naranja.

El mundo comió huevos de ganso antes de que coman huevos de pollo.

Los gansos pueden sobrevivir a temperaturas frías y calientes.

Si un Ganso estira su cuello, es una advertencia para.

Huevos de ganso eclosionarán en treinta días.

Lo que un bebé Ganso ve primero cuando nace es su padre de por vida, ya sea humano, animal u objeto.

Una granja Ganso pondrá hasta cincuenta huevos cada año; un ganso salvaje pondrá entre cinco a doce huevos por año.

Una lengua de ganso tiene la forma de una sierra, con sus bordes con serraciones.

Al volar en una V, los gansos pueden volar más tiempo y a mayores distancias.

Los gansos no tienen dientes.

Los gansos perderán sus plumas y no volarán hasta seis semanas hasta que las plumas vuelvan a crecer en mudas.

Los gansos pueden volar hasta 3.000 millas para migrar.

¿Quieres que tu Ganso vuelva a casa todas las noches? Asegúrese de proporcionar alimentos adicionales.

Los gansos mantendrán su césped libre de maleces y bajo control.

Los gansos son buenos para los huevos, las plumas y la carne.

Si obtienes una puntuación de un huevo de ganso en un juego, entonces eso es cero.

Los gansos pueden crecer de veintidós a treinta y siete pulgadas de largo.

Los gansos se consideran aves acuáticas.

Male Goose se llama 'Gander.'

La oca femenina se llama 'Ganso.'

Baby Goose se llama 'Swoose.'

Hay más de treinta tipos
diferentes de gansos en el
mundo.

Los pies con telarañas de ganso
les permiten nadar y buscar
comida en el agua.

La vida media de un ganso es de veinticinco años.

Los gansos están activos durante el día y duermen por la noche.

Baby Goslings están en el agua nadando dentro de las veinticuatro horas después de nacer.

Los gansos también se conocen como 'Honkers.'

**Los huevos de ganso pesarán
entre cuatro y seis onzas.**

**Los gansos siempre están
mejorando su nido.**

Cuando se ven a los depredadores, los gansos harán un fuerte sonido de advertencia.

Las plumas de los gansos son impermeables.

Los gansos pesarán entre ocho y veintidós libras.

Hinchazón en la cabeza se denomina "huevo de ganso".'

El ganso macho protegerá a la oca hembra hasta la muerte.

Los gansos tienen dientes a lo largo de su pico.

Si un ganso está enfermo, dos gansos se quedarán con él hasta que mejor.

Al volar en una V, los gansos pueden hacerse un seguimiento el uno del otro.

Una hembra de ganso construye el nido.

Ganso estaba en la fábula de Esopo.

Los gansos son monógamos en la naturaleza, pero no en una granja.

Los gansos se comunicarán con los demás por un fuerte sonido.

La mayor parte del tiempo de Ganso se pasa en busca de comida.

Los padres gansos ayudan a mantenerlos aislados.

Las plumas de pato se utilizan en almohadas.

Hay más de ciento veinte tipos diferentes de patos.

Encuéntrame en Amazon en:

https://amzn.to/3oqoXoG

y en Facebooks en:

https://bit.ly/3ovFJ5V

Otros libros de Michelle Hawkins

Serie

Datos divertidos sobre los pájaros para los niños.

Dato curioso sobre frutas y verduras

Datos divertidos sobre animales pequeños

CPSIA information can be obtained
at www.ICGtesting.com
Printed in the USA
BVHW010952131222
654119BV00001B/1